Valores
Cómo transmitirlos
a los hijos

Juan Antonio Torres, L.C.

Valores. Cómo transmitirlos a los hijos

© 2011 Juan Antonio Torres

ISBN: 978-0-615-45969-1

Todos los derechos reservados

Diseño de portada: Marcelo Bressan

Diseños de interior: Ricardo Esponda

ÍNDICE

PRÓLOGO 5

AGRADECIMIENTOS 8

I. INTRODUCCIÓN 10
   Lo que nunca hubiéramos querido 10
   Situaciones que se multiplican 10

II. ACLARANDO EL OBJETIVO 12
   Cuando no aclaramos lo que queremos,
   sucede lo que no queremos 12
   ¿Cómo quiero que sea mi hijo? 13
   Mi visión de futuro 13

III. UN OBJETIVO REALIZABLE 18
   El futuro ideal 18
   ¿Cómo hacer que estos sueños se conviertan
   en realidad? 19
   1. Humildad 20
   2. Fuerza de voluntad 23
   3. Ideales elevados 25
   4. Dominio de sí 28
   5. Búsqueda de la excelencia 31
   6. Duro, pero cercano 35
   7. Claridad en sus valores y objetivos 42
   8. Sabe escuchar. Evita autoritarismo 45
   9. Experto en delegar 47
   10. Desarrolla los talentos de su gente 49

IV. LA RUTA DE LA EDUCACIÓN 52
   ¡Todo comunica! 52
   Los siete elementos del proceso formativo ... 53

1. Principios claros 54
2. La disciplina y adiestramiento 55
3. Los modelos y mentores 56
4. Las premiaciones y la competencia................ 59
5. Interiorización y reflexión 60
6. La constancia e integridad 61
7. La inercia de la costumbre 62

V. CLARIFICANDO LOS VALORES 64
¿Qué son los valores? 64
La función de los valores 64
Los valores, mapa de nuestras decisiones 65
Génesis de los valores 68
Los valores fundamentales 71

VI. EL MAÑANA SERÁ COMO LO VEO HOY 74
Historias recientes 74
Una historia antigua 75
¿Puedo predecir el futuro? 75
Mi hijo será como lo veo 76

VII. CONCLUSIÓN 79
No quitar el ojo del objetivo final 79
Pero nunca seremos perfectos 80

Bibliografía 82

PRÓLOGO

El sueño de cada padre es ver a sus hijos felices, realizados y contribuyendo a la sociedad. Más aún, padres que son exitosos en realizar con sus vidas lo que se proponen hacer, que tienen metas claras y concisas de lo que quieren conquistar, que organizan los medios necesarios para lograr lo que se proponen; con toda seguridad desean transmitir a sus generaciones futuras, el mismo espíritu de excelencia que ellos mismos personifican. Si se les preguntara, ¿a quiénes quisieran influenciar más? Con seguridad la respuesta sería: sus mismos hijos, los que a su vez van a influenciar las generaciones futuras.

El gran desafío es: ¿dónde hay manuales que explican las pautas de cómo llegar a resultado tan deseable? ¿Qué cursos se siguen para aprender cómo transmitir los valores más esenciales que aseguran la verdadera realización de los hijos? ¿Dónde se aprende a crear generaciones futuras de familias felices, unidas, influenciables en el sentido más amplio de la palabra, y por sobre todo, generaciones que ponen una marca en la historia humana debido a su compromiso a valores transcendentes, de justicia, de valentía, de generosidad, de prudencia, de perseverancia y sobre todo de amor genuino?

Con palabras sencillas y profundas, con consejos basados en una psicología científica empíricamente probada en los países occidentales, con una sabiduría cimentada en la visión integral y transcendente del ser humano el padre Juan Antonio Torres, L.C. explica paso a paso, la trayectoria a seguir. Él explica cómo se deben tener claras las metas que queremos para nuestros hijos. Estas metas guían las cualidades personales y relacionales que deben desarrollar los niños para llegar a conquistarlas.

El libro ejemplifica en forma práctica cómo transmitir estas cualidades tan importantes para los niños. Esta guía es extremadamente valiosa, puesto que muchas veces se comunica el producto, pero poco se dice de cómo lograrlo. Los consejos no son meramente personales, sino que están basados en investigaciones científicas sobre la psicología del desarrollo infantil y de la adolescencia, cuya evidencia asegura le efectividad de los métodos. Como empresarios, lo que más queremos es saber cuán efectivo es el plan para lograr los objetivos. Esta pregunta está contestada ya en el libro. La efectividad está ya probada. Pero el mensaje debe ser transmitido, creído y practicado. Si realmente queremos "formar" a nuestros hijos, debemos seguir estos consejos sabios.

El padre Juan Antonio Torres también desarrolla un punto sumamente importante con respecto a la comunicación de los valores. Nuestra sociedad está obsesionada en comunicar educación instructiva, información, datos y conocimientos. Pero la sociedad se forja en la comunicación de valores normativos que son la base de un humanismo verdadero. Los valores morales que van a permitir a los hijos, una vez adultos, hacer lo que es correcto, lo que es justo, lo que es heroico, y esto sólo se hace si la conducta está dirigida por principios y por hábitos basados en los mismos principios. Este libro nos demuestra cómo transmitir este mensaje transformador, y lo más importante, es que nos demuestra, al final, el papel importante de las percepción humana; es decir, de ver el mañana, como se ve el presente.

Si seguimos paso a paso la guía de este libro, nuestra percepción se va a llenar de esperanza, al ver tangiblemente cómo vamos influenciando en nuestros hijos, creando hábitos de virtud. Esta esperanza nos llevará a esperar de ellos lo que pueden alcanzar, y al hacerlo, ¡la profecía se cumplirá!

Gladys Sweeney,
Decana del
Institute for the Psychological Sciences
Washington, D.C.

AGRADECIMIENTOS

Aunque parezca paradójico, este pequeño libro nace a raíz de las conversaciones con personas del mundo empresarial; al hablarles de la importancia de los valores en el ámbito de la industria, con frecuencia me piden sugerencias sobre cómo transmitir los valores a sus hijos.

A partir de ahí ha crecido mi interés por esta tarea tan primordial, y he tenido ocasión de compartir pláticas y talleres con padres de familia. Para mí han sido experiencias muy enriquecedoras; por lo que he decidido ponerlas por escrito con la esperanza de que también puedan resultar útiles para otros.

Agradezco a quienes me han interpelado con preguntas cuyas respuestas no resultan fáciles; esos aguijones han despertado mi curiosidad y me han abierto el apetito por la investigación y el estudio en este campo.

No puedo dejar de agradecer a mis queridos papás, Francisco Javier y María Guadalupe, a mis hermanos y hermanas: Francisco, Gabriel, Alejandra, Marcela, Lupita, Maria Elena; ellos son los primeros libros que estudié desde la infancia... Especialmente agradezco a mis queridas primas Cecy Nolasco, Lupita Lozano y a mi sobrina Paulina; sus sugerencias están plasmadas en estas páginas.

Las primeras interesadas en este diminuto proyecto son las estimadas señoras Sandra Espinosa,

Victoria Noval, Aida Dobarganes y Marycarmen Aguilar. Sus sabios consejos y su interés han sido un antídoto eficaz contra mi escepticismo.

No puedo pasar por alto la colaboración paciente y comprensiva de mis superiores y compañeros: Carlos María García de Alvear, Marcelo Bressan, Salvador Nuño, Ricardo Esponda. Por supuesto, no quisiera dejar de agradecer a mis maestros en el campo de la psicología y pedagogía; en particular, a la Dra. Gladys Sweeney y al Lic. Julio Fernández Paz.

Y, en fin, va mi agradecimiento a otros muchos que me han apoyado y cuya lista haría de este librito una enciclopedia...

I. INTRODUCCIÓN

Lo que nunca hubiéramos querido

En diversas ocasiones me ha sucedido algo semejante: estaba platicando con un matrimonio de amigos que no había visto en varios años. Estuvimos intercambiando experiencias. Les pregunté por su hija mayor, Cristina, siempre tan simpática, chistosa y cristalina.

Ante mi pregunta, mis amigos bajaron la mirada y me comentaron con pena que ya estaba embarazada; a sus quince años, todavía sin casarse, ya estaba esperando un bebé... "padre, no sabemos lo que pasó"; le dimos la mejor educación, el mejor colegio, todo nuestro cariño, nunca le faltó nada..."

Situaciones de este tipo se presentan cada vez más a menudo en los hogares donde se cree que les dieron todo. Si no es la hija, es el hijo que ha terminado en drogas o alcoholizado en los antros, o decide abandonar la casa.

Y entonces nos preguntamos: ¿Qué se hizo mal en el proceso de educación? ¿En qué fallamos? ¿Por qué no nos dimos cuenta? Vienen las culpas y a veces se fractura el matrimonio.

Las situaciones se multiplican

Los datos son alarmantes. En todo el mundo son ya millones los jóvenes de la población de entre 14 y 29 años de edad que no trabajan ni estudian. Y las cifras van en aumento. En México, de 100 niños que ingresan a la primaria sólo 62 terminan la secundaria y 25 la preparatoria, por lo que sólo 13 terminan la universidad.

El suicidio constituye la tercera causa de muerte entre los jóvenes de 15 y 24 años de edad, con un incremento del 60% en los últimos 50 años. Las tasas más altas de suicidio se verifican en los países desarrollados o en vías de desarrollo.

Por otra parte, la diferencia de valores suele ser uno de los principales detonadores de los conflictos matrimoniales.

Una de las principales causas en el abuso del alcohol por parte de los hijos es la actitud que toman los padres en el trato con ellos, y la poca destreza en la transmisión de valores y amor.

Este tipo de situaciones levantan las alarmas de nuestra conciencia, y nos preguntamos si podemos hacer algo para cambiar el rumbo.

II. ACLARANDO EL OBJETIVO

Cuando no aclaramos lo que queremos, sucede lo que no queremos

Cuando tienen entre sus brazos a un nuevo retoño, todos los papás sueñan con el mejor de los futuros para su hijo. Pero el hecho de no aclarar con precisión ese futuro, les lleva a no poner por obra las acciones que lo hagan posible.

Y entonces sucede lo que sucede: que ese futuro nunca llega o resulta todo lo contrario a lo que habían soñado.

Para lograr lo que queremos de nuestros hijos, primero hay que aclarar con precisión qué es lo que realmente queremos, y luego tomar las medidas para alcanzarlo.

Sin esta claridad, nos encontraremos con situaciones en las que el hijo o la hija nos salen con sorpresas, pasa lo que tenía que pasar, y sucede lo que nunca hubiéramos querido.

Una de las raíces del problema en la educación se encuentra precisamente en la carencia de eficacia en la transmisión de los valores.

Los papás constatan que no han recibido capacitación para la profesión más importante que desempeñan: la educación de los hijos.

Un comerciante, como cualquier otro profesionista, sabe que, para hacer crecer el negocio, necesita trazarse una meta y luego seguir un plan concreto para alcanzarla.

Lo mismo debemos hacer para lograr el objetivo más importante de nuestra misión como educadores de los hijos: preguntarnos cómo queremos que sean en el futuro y qué vamos hacer para lograrlo.

¿Cómo quiero que sea mi hijo?

En cualquier oficio se obtienen mejores resultados cuando se logra aclarar la meta del proyecto: ¿Hacia dónde se quiere ir? Cuanto más precisa sea la visión, tanta mayor probabilidad de alcanzar el objetivo.

Un experto en ventas recomienda: "comienza cada obra teniendo claro cómo debe ser al final; sólo así sabrás cómo hacerla. Apunta a la meta y no retrocedas" (Dr. Cash Luna). Con mayor razón los papás deben aplicar el mismo principio en la educación de sus hijos.

Cuando no tenemos claridad en relación con la meta, nuestras acciones serán dispersas o, incluso, contradictorias.

Así pues, para educar bien a los hijos, primero necesitamos plantearnos el tipo de persona que quisiéramos que llegaran a ser; y luego trazar el mapa de los pasos que nos llevarán a la meta.

Mi visión de futuro

¿Cómo quiero que sea mi hijo o hija a la edad de 21-25 años? Para responder a esta pregunta necesitamos poner en lista nuestros deseos, como cuando hacemos la carta al Niño Jesús o a los reyes magos en Navidad. Lo que se desea y lo que no se desea para los hijos se debe poner por escrito; o al menos, tenerlo lo más claro posible en la mente.

Ahora bien, hay ciertos aspectos que no podemos predecir, por ejemplo: ¿qué deporte le gustará? ¿qué carrera estudiará? ¿qué profesión ejercerá? ¿si se casará o no, y a qué edad, etc.? Esas serán decisiones que el hijo tomará en su momento.

Lo que sí podemos planear son los valores que le vamos a comunicar. Esa es la principal tarea de la educación. Si los valores han sido bien comunicados, entonces los hijos podrán hacer sus elecciones con mayor responsabilidad. Y, por el contrario, si se carece de una adecuada jerarquía de valores, hay más riesgo de que las elecciones de un joven sean erróneas.

En definitiva, lo que necesitamos aclarar es el tipo de valores que vamos a comunicar.

Como un posible ejercicio de prospectiva, a continuación se presenta una lista de comportamientos positivos y negativos, para que cada pareja la revise y la amplíe hasta alcanzar una visión más clara del mejor futuro para sus hijos. No es exhaustiva, pero puede servir de guía. Poniendo una cruz en el recuadro de la derecha, señala si coincide o no con las propias expectativas.

	MI VISIÓN DEL FUTURO DE MI HIJO (a los 21-25 años)	Sí	No
1	Que derrocha el dinero en cosas superfluas quedándose sin patrimonio para el futuro.		
2	Que es fuerte ante las adversidades y lucha por cumplir sus metas.		
3	Que pone toda su seguridad en la moda, en el último modelo de ropa...		
4	Que da lo mejor de sí mismo ahí donde se encuentre.		
5	Que es capaz de hacer mal a los demás para subir de puesto.		
6	Una persona de iniciativa, creativa, atenta a las oportunidades para crecer.		
7	Que se compara continuamente con los demás y los envidia.		
8	Que es una persona humilde, sencilla, atenta a los demás, de trato afable.		
9	Que es fiel a su cónyuge y al compromiso que hizo en el matrimonio.		
10	Que es entusiasta de su familia y atento/a a sus hijos.		
11	Que es perezosa, cómoda, busca el menor esfuerzo.		
12	Que es profesionista exitoso, honrado, trabajador.		
13	Que se apega a las cosas y no las comparte.		
14	Que le gusta beber y disfrutar pero sin exceso.		
15	Que es una persona acomplejada, insegura, tímida, que no se valora a sí misma.		
16	Que es fiel a sus compromisos pequeños o grandes.		
17	Que abandona a su cónyuge en cuanto se enamora de otra persona.		
18	Vive su matrimonio con armonía, satisfacción e ilusión.		
19	Que vive en continuo conflicto con su cónyuge.		
20	Que es incoherente, dice una cosa y hace otra.		
21	Es una persona cabal, de una pieza, auténtica, sincera...		
22	Es una persona segura de sí misma, alegre, de buen trato.		
23	Que es una persona alcohólica o drogadicta.		
24	Generoso, atento a las necesidades de los demás.		
25	Que sigue dependiendo económicamente de otros. Ni estudia ni trabaja.		
26	Que es laboriosa, trabaja duro, pone su mejor esfuerzo en su trabajo.		
27	Egoísta, piensa sólo en su dinero, su placer, pero olvidándose de sus hijos y cónyuge.		
28	Que es incapaz de asumir un compromiso o los abandona fácilmente.		
29	Soberbia, que habla continuamente de sí mismo, se cree más que otros.		
30	Que vive contento con su situación y sabe disfrutar las cosas buenas.		
31	Una persona sin ideales ni aspiraciones para el futuro.		
32	Que es honrada y honesta sin perjudicar injustamente a nadie.		
33	Vive con lo suficiente pero no se esfuerza más.		
34	Que sabe comprar con responsabilidad lo que necesita.		
35	Que se desanima ante las dificultades y echa la culpa a los demás.		
36	Que es una persona ahorrativa y piensa en el futuro.		

Cuanto más precisa la visión, mayor probabilidad de alcanzar el objetivo.

Cuanto más clara y elevada la visión, mayores probabilidades tendrán de alcanzar buenos resultados en la educación.

Esta visión influirá en el modo como los papás ven y tratan a los hijos. Decía Blais Pascal: "Trata a un ser humano como es, y seguirá siendo como es. Trátalo como puede llegar a ser, y se convertirá en lo que puede llegar a ser".

Después de revisar la lista, conviene estudiarla por segunda vez, pero pensando no ya en el hijo, sino en uno mismo; preguntarse: ¿cómo soy yo? ¿Cuáles son los comportamientos que mi hijo está viendo en mí?

Esta evaluación personal y los cambios que implica en el propio comportamiento son el presupuesto indispensable para que el futuro soñado para los hijos llegue a convertirse en una realidad. Sería tema para otro estudio; ahora nos concentramos únicamente en la educación de los hijos.

Una vez que se ha determinado el punto adonde se quiere llegar, es preciso trazar una línea mental que parta desde el presente y recorra los medios que se van a implementar para llegar al futuro deseado. Esta línea constituirá la ruta de las acciones, como se verá más adelante.

III. UN OBJETIVO REALIZABLE

El futuro ideal

Un estudio señala que las personas exitosas en los diversos ámbitos de la vida (matrimonio, familia, trabajo, amistades, etc.) por lo general reúnen diez cualidades. Cinco personales (cómo son) y cinco de relación (cómo tratan a los demás).

Estas diez cualidades son las características de lo que podría denominarse una persona exitosa. Pero antes de seguir adelante, hay que aclarar bien los términos: una persona exitosa no necesariamente es la que aparece en las portadas de las revistas, en la televisión o en los espectáculos. Las apariencias pueden ser engañosas. No siempre esas personas de escaparate son plenas y felices.

Una persona exitosa es aquella que desarrolla al máximo sus propias capacidades y que ejerce su liderazgo para ayudar a las necesidades de las demás personas. Eso es éxito.

En definitiva, la persona verdaderamente exitosa es feliz y hace felices a los demás; estas son sus características.

1. Cualidades personales:
    a. Humildad.
    b. Fuerza de voluntad.
    c. Ideales elevados.
    d. Dominio de sí.
    e. Búsqueda de la excelencia.

2. Cualidades relacionales:
   a. Duro, pero cercano.
   b. Claridad en sus valores y objetivos.
   c. Sabe escuchar. Evita autoritarismo.
   d. Experto en delegar.
   e. Desarrolla los talentos de su gente.

Este podría ser el sueño de todos; lograr que el hijo reúna estas cualidades sería asegurarle su futuro después de una larga inversión en tiempo y recursos, dentro de lo humanamente posible.

¿Cómo hacer que estos sueños se conviertan en realidad?

Jim Collins, renombrado investigador del mundo empresarial, sostiene que el éxito no está determinado por las circunstancias. El éxito llega, en gran medida, como fruto de una elección consciente y de disciplina. En la tarea de la educación de los hijos se puede decir lo mismo. Los sueños ideales no llegan por generación espontánea. Hay que trabajar para que el futuro imaginado se convierta en un presente tangible.

Vamos a repasar cada una de las cualidades ideales enumeradas arriba y a hacer el recorrido mental de las acciones que llevan a esas metas.

Cuando tengamos bien diseñado el mapa, nuestras acciones serán más coherentes y mejor orientadas; nos darán mayor probabilidad de llegar al futuro deseado.

1. *Humildad.*

Una persona humilde es la que desvía de sí misma sus intereses egoístas y los canaliza hacia los demás: la familia, los hijos, el cónyuge, los amigos, los necesitados, la empresa. Por ejemplo, un papá que se preocupa más de la familia que de irse a jugar con los amigos...

Una persona humilde es capaz de salir de sí misma e ir al encuentro de los demás. No se siente el centro de todo. Sabe prestar atención y ponerse en el lugar del otro.

La humildad es la base de la empatía, indispensable para cualquier tipo de relación humana estable, sea en el noviazgo, en el matrimonio, en la familia, en el trabajo, en un equipo, en todo.

Una persona que no es humilde se irrita con facilidad, se considera el centro de la conversación, busca que los demás lo atiendan, lo escuchen y satisfagan sus necesidades; no logra entender por qué los demás son así... más bien está esperando que los demás entiendan por qué él es así...

Finalmente, la humildad es el camino para alcanzar la maduración personal. "El realismo y la objetividad son indicadores muy confiables del grado de madurez de una persona. La autoestima de verdad consiste en reconocer, valorar y apreciar *lo que somos* con objetividad y gratitud, ni más ni menos. En este punto, la autoestima se funde con la humildad" (Alejandro Ortega).

Sugerencias de acción:

Conviene que cada hijo tenga siempre una obligación en casa, aunque sea pequeña; algo adecuado a su edad: tender su cama, guardar sus zapatos en el closet, llevar la basura... De esta forma se sentirá parte de un todo, y no el centro. Consentir al hijo y dejarlo sin responsabilidades en la casa, no le ayuda a desarrollarse en la humildad.

Es sumamente útil que aprenda a compartir sus cosas con sus hermanos, primos, amigos. En un niño pequeño siempre resulta difícil lograrlo, pero se puede; al inicio hay que obligar, luego insistir; se enojará y hará berrinches, pero cada vez será más fácil, hasta que llegue a hacerlo con gusto.

Este ejercicio es sumamente pedagógico. Predispone al alma del niño a no apegarse a las cosas, a abrirse a otros y a no considerarse el centro del universo.

Lo mismo puede decirse de enseñarle, no sólo a compartir sus cosas, sino a regalarlas generosamente a los necesitados. Ayudarles a ver con corazón sensible a los que padecen necesidad; invitarles a dar una limosna, a ayudar a una persona que se cayó, etc.

Tiene un valor extraordinario enseñar a los hijos una verdad fundamental: que Dios nos ve en todas partes y él nos va a juzgar. Esta lección ayuda a los hijos a sentirse responsables de sus actos y decisiones, aunque nadie más los vea; les ayuda a no sentirse autosuficientes y autónomos, superiores a los demás, etc. Se considerarán hijos de Dios con la misma dignidad que los demás.

Ahora bien, es extraordinariamente necesario tener bien claro que la humildad no se alcanza mediante humillaciones e insultos. Es un error nefasto en el que fácilmente de puede caer. Una corrección o llamada de atención nunca deberá significar falta de respeto o desprecio. Lo mismo dígase de las ironías, mofas y ofensas verbales.

Los hijos gozan de la misma dignidad que los papás. Los papás no son más ni tienen poder absoluto sobre ellos. Hay que corregir, llamar la atención, enojarse, si es necesario, pero jamás insultar o humillar públicamente. Las humillaciones y los insultos, las reprimendas injustificadas, sólo logran que los hijos desarrollen complejos de inferioridad, de inutilidad o coraje.

La humildad es la verdad, la justicia con que nos vemos a nosotros mismos; implica reconocer con serenidad nuestras cualidades y nuestros defectos.

Somos humildes cuando somos realistas, es decir, cuando nos vemos con objetividad. Por ello, un camino para que los hijos alcancen la humildad es brindarles un trato justo y una compensación adecuada por parte de los papás. La justicia es dar a cada uno lo que le corresponde. El castigo o el premio, las palabras o silencios, el trato cotidiano deberán ser proporcionados a las acciones.

Tampoco es bueno comparar sistemáticamente

a unos con otros. Las personas que viven comparándose con los demás, difícilmente encuentran la felicidad. Nunca están satisfechas. Las comparaciones son odiosas, como se suele decir popularmente.

2. Fuerza de voluntad.

Es la capacidad de hacer realidad los propósitos, la fuerza para superar los obstáculos. Sin fuerza de voluntad, poco podrá conseguir una persona; difícilmente llegará a su madurez y a alcanzar logros que le lleven a su autorrealización y a hacer algo por los demás. La fuerza de voluntad es el perno del éxito en cualquier ámbito de la vida.

Las adversidades, que necesariamente se presentarán, harán añicos cualquier ilusión y compromiso de una persona carente de fuerza de voluntad. Ella es el presupuesto indispensable para que llegue a ser responsable y fiel a los compromisos contraídos.

"La perseverancia y la determinación marcan la diferencia entre 'ser' y 'no ser'. No existe nada que pueda sustituir a la perseverancia. Si naciste con algún talento especial, sólo te será útil si eres constante" (Marcia Gómez Ruiz). Y la voluntad se forma desde la más tierna edad.

Andrea Bocelli, el reconocido cantante italiano, narra en su autobiografía que, a los seis años comenzó a estudiar piano, y luego flauta y saxofón.

Pero, debido a un glaucoma congénito y un accidente de fútbol que le produjo una hemorragia cerebral, perdió la vista a la edad de 12 años. Quedó ciego para siempre.

Pero decidido a no dejar que esto destruyera su carrera y su pasión por la música, siguió adelante con gran fuerza de voluntad, de la cual a esa edad ya era dueño. Era uno de esos niños a los que siempre le pedían que cantara en las fiestas familiares. Se licenció en derecho en la Universidad de Pisa. Para pagar las clases cantaba en bares y clubes nocturnos. Es hoy uno de los más reconocidos tenores del mundo.

La fuerza de la voluntad es alimentada por la pasión, las ilusiones y los grandes proyectos de vida. No se puede pretender formar la voluntad de un niño, si no se le inculcan valores y propósitos nobles. Ambas tienen que ir juntas: ilusiones y exigencia.

Sugerencias de acción:

Ponerles metas difíciles adecuadas a su edad y capacidad personal; las dificultades ayudan a desarrollar los propios talentos; ofrecerles un premio si logran subir las calificaciones; subir una montaña; y particularmente darles la oportunidad de participar en deportes exigentes y competitivos.

No quitarles las dificultades sino enseñarles a superarlas, como las tareas de la escuela, levantarse rápido de la cama para cumplir un compromiso con los amigos, etc.

Siempre ha dado buenos resultados que los niños se acostumbren a conseguir con el propio esfuerzo su propio dinero. En la cultura norteamericana, que ha generado grandes emprendedores a lo largo de su historia, los niños aprenden desde pequeños a conseguir su dinero.

Un vicio habitual en la educación familiar es darle a los hijos todo fácil y gratis: conseguirles acceso a la universidad sin examen, comprarles cosas que les gustan pero sin esfuerzo de su parte... si ese comportamiento de los papás es algo sistemático, consigue que el niño llegue a los treinta años y siga viviendo en casa bajo la tutela de sus papás, sin el coraje ni la habilidad para abrirse camino por la vida.

También resulta muy pedagógico acostumbrar a los hijos a que lleven su alcancía, que tengan sus propios ahorros y que no los gasten a la primera oportunidad. Es un método muy eficaz para fomentar en el niño varios valores: dominio de sí, responsabilidad, esfuerzo, pensar a largo plazo. La cultura actual no nos ayuda a pensar a largo plazo. Todo tiene que ser rápido y fácil. Es útil acostumbrar al hijo a no gastar todo de inmediato.

3. Ideales elevados.

Una de las cualidades que debe caracterizar a toda persona que quiera ser alguien en la vida es la de alimentar su alma con grandes ideales.

Precisamente una de las principales tareas de los papás es la de cultivar en el corazón de sus hijos, como en un huerto, los valores que serán la semilla de los sueños del mañana.

Los ideales son el conjunto de razones fundamentales que da sentido a la existencia de una persona; son ellos los que inspiran la ilusión y ganas de luchar, los que justifican el esfuerzo. De los ideales nacen los propósitos amplios, fundamentales, duraderos en la vida, más allá del puro ganar dinero.

Los ideales y propósitos en la vida nacen de un conjunto de valores. Los valores son su caldo de cultivo o como las semillas en un vivero.

Hay jóvenes que han perdido la esperanza. Envejecen prematuramente porque la senilidad comienza cuando se han perdido las ilusiones.

Hay jóvenes viejos a temprana edad porque no tienen ideales, no tienen un futuro que los apasione. En la base de este problema, cada vez más común, se encuentra la carencia de una educación en los valores.

¿Por qué se ha agudizado tanto el problema de la generación ni-ni? Las cifras son alarmantes a nivel mundial. Son millones los jóvenes entre 14 y 29 años de edad que no trabajan ni estudian.

Por desgracia, el joven está dejando de creer en todo, debido a los tiempos de incertidumbre que vivimos. La juventud es la etapa de los ideales, de la fe, de la amistad, de los amores primeros; el joven y el adolescente, por naturaleza, cree y confía prácticamente en todo. Pero ahora se le están quitando las creencias. ¿Con qué quedan entonces?

Es sumamente importante sembrar en los muchachos grandes ideales, proyectos ambiciosos, la visión de un futuro mejor, la fe en un Dios de amor, en unas prácticas religiosas que les den un sentido de vivir.

Ahora bien, deben ser ideales alcanzables; es verdad que, de acuerdo con algunos estudios, hasta los siete años aproximadamente, el niño no distingue entre realidad y ficción; vive en una atmósfera de fantasía; todavía no ha desarrollado plenamente su capacidad de abstracción.

Sin embargo, tampoco es sano que siga soñando con fantasías en la adolescencia y juventud. Es preciso ayudarle a "aterrizar" sus sueños.

Sugerencias de acción:

Resulta extraordinariamente enriquecedor que los niños, desde que aprenden a leer, se aficionen por las lecturas de historias. Las historias infantiles, de héroes, de aventuras son los más eficaces transmisores de valores.

Hay una infinidad de autores recomendables: Homero, Julio Verne, Charles Dickens, Emilio Salgari, Rudyard Kipling, Robert Louis Stevenson, John Tolkien, Mark Twain, etc. Todos ellos presentan a los héroes como encarnación de unos valores e inspiran en los niños el sueño de imitarlos.

Y no digamos las lecturas de vidas de santos. Si

un niño se aficiona a este tipo de lecturas, la esponja de su alma irá asimilando los ideales más puros y elevados que inspirarán también el deseo de hacer algo grande por los demás, sin buscar su propio interés, simplemente por amor.

Y obviamente, lo más importante es dar a los niños testimonios vivos: los papás deben ser los primeros en encarnar y hacer visibles los valores.

Resulta sumamente inspirador hablarles de los valores familiares mediante historias reales y hechos concretos. Por ejemplo, "tu abuelo arriesgó su vida salvando a una persona que iban a atropellar…"

Hay que tener cuidado de enseñarles a no tener el dinero como el valor fundamental en la vida, sino a las personas, el matrimonio, los hijos.

Para que el niño vaya aterrizando sus sueños de fantasía, es necesario hacerle ver las implicaciones de dichos sueños. Por ejemplo, si quiere aprender guitarra, hablarle con claridad sobre los costos, el tiempo, dificultades, etc., y que, en caso de inscribirse, deberá ser responsable de su compromiso. Pero los papás deberán aceptar también que, si se llega a constatar que el niño no tiene esa habilidad, no hay que forzarlo.

4. Dominio de sí.

El ser humano está lleno de fuerzas ciegas e inconscientes que luchan en su interior. Si se deja llevar por ellas, su vida irá al desastre. Son impulsos como la ira, la sensualidad, los sentimientos y emociones que cambian continuamente y nos confunden.

Por otra parte, todos llegamos a este mundo con un tipo de temperamento específico. El temperamento es una forma espontánea y habitual de reaccionar ante las situaciones externas. Este temperamento nos condiciona de tal manera que a veces decimos o hacemos cosas instantáneamente, casi sin darnos cuenta. Por ejemplo, hay niños que por temperamento reaccionan con gritos y berrinches ante una llamada de atención de la mamá. En cambio, el hermanito, que tiene otro temperamento, se cohíbe e intimida ante el mismo hecho. Son dos formas distintas de reaccionar.

Todos estos elementos de nuestra naturaleza requieren dominio personal; de lo contrario nos pueden estorbar o incluso desviar; debemos someterlos a nuestro control, para que nos ayuden a ser las personas que queremos llegar a ser.

Sugerencias de acción:

Conviene ayudar al niño y adolescente a que sepa decir: "no lo necesito", cuando le vienen ganas de comprar algo que efectivamente no necesita, aunque "siente ganas".

Acostumbrarles a no hacer caso a sus gustos cuando van contra sus obligaciones. Por ejemplo, si no quiere la comida, se guarda en el refrigerador y se le da en la tarde; si no la quiere todavía, pues se le da en la noche; y no se le dan dulces mientras no se acabe la comida.

Ahora bien, hay que aclarar que, si el niño ya está satisfecho, no es necesario obligarlo a terminar todo; pero si no quiere comer por estar jugando, por capricho o porque no le gusta, sí hay que obligarlo.

Revisar la mochila de la escuela para ver si tienen algo que no es suyo; para enseñarle a respetar las cosas de los demás; no condescender cuando llegan con algo que no es suyo.

Acostumbrarles a no aficionarse demasiado por la moda, a poner el último modelo de celular o de reloj como algo esencial para ser "alguien". Por ejemplo, al ir a comprar ropa para la niña, decirle "eres guapa y no necesitas la marca para verte mejor". Así aprende a valorarse a sí misma por lo que es y no por lo que tiene. Eso le dará seguridad personal en el futuro.

Nuestro temperamento es un componente natural de nuestra personalidad. Pero puede causarnos daño si no lo controlamos. ¿Cómo? Se sugieren tres pasos. El primero es conocer qué tipo de temperamento tenemos. Hay personas que, de modo espontáneo, sienten un apetito voraz cuando algo les preocupa; otras, en cambio, se hacen irascibles e hirientes; otras, taciturnas y malhumoradas, etc. Esas reacciones espontáneas e inconscientes son parte del propio temperamento.

Por ejemplo, un señor se da cuenta de que suele ser cortante y ofensivo cuando llega cansado del trabajo. Ese es el primer paso: darse cuenta.

El siguiente es hacerse el propósito de "modificar" esa reacción de su temperamento mediante una acción positiva. Por ejemplo, puede proponerse ser amable y atento siempre que llegue del trabajo, aunque se sienta cansado.

El tercer paso es reflexionar; consiste en anticiparse a la reacción espontánea del temperamento; por ejemplo, en el momento preciso en que está abriendo la puerta de la casa, se dice a sí mismo: "cuidado, ahora estoy cansado, pero voy a ser fiel a mi propósito y voy a mostrarme amable…"

Si este ejercicio lo hace de manera continuada por un cierto espacio de tiempo, por ejemplo 15 veces seguidas, entonces habrá logrado "modificar" un aspecto negativo de su temperamento y se habrá enriquecido su personalidad.

Este mismo ejercicio hay que aplicarlo a los hijos desde que son pequeños.

5. Búsqueda de la excelencia.

La excelencia es un impulso interior de la persona que le lleva a buscar lo mejor en todo y a ir en busca de la verdad hasta el fondo. Es la base del progreso humano. Las personas excelentes son aquellas que llegan a sobresalir en su campo de especialización.

La familia juega un papel importante en la "creación" de ese impulso interior. El secreto es lograr poner en movimiento y dar un cauce a todo el potencial que se esconde en el interior de cada ser humano.

Para ello es preciso educar a los niños a encauzar sus pasiones y sus energías hacia unos objetivos; que pongan todo el corazón y se entusiasmen por algo que realmente los apasione.

La excelencia requiere exigencia y motivación, atención y estímulo continuo de un mentor, de un guía; puede ser el papá, la mamá, el hermano mayor, un entrenador, etc. La regla de oro es "no exigir sin motivar". ¡Porque te amo te exijo!

El mayor grado de excelencia está en la armonía; es decir, en la capacidad de una persona de sobresalir en un aspecto específico pero sin descuidar los otros.

Hay personas excelentes en un campo, por ejemplo en el intelectual, pero que son incapaces de entablar una conversación amena y agradable entre amigos. En la medida de lo posible, hay que tratar de evitar ese tipo de desequilibrios.

Sugerencias de acción:

Exigir a los hijos hacer las tareas y obligaciones bien y completas siempre. No a medias o sólo por cumplir.

El deporte es sumamente educativo, sobre todo el deporte competitivo, organizado, en colaboración con otros y que requiere mucho esfuerzo.

Los papás y maestros deben identificar las cualidades y talentos de los niños, motivarlos para que los desarrollen continuamente y darles los medios para ejercitarlos.

El principal enemigo de la excelencia somos nosotros mismos. No conocemos suficientemente el potencial que llevamos dentro; o peor aún, no nos sentimos capaces de lograr más de lo que ya hemos logrado. Nos auto-limitamos. Por ello, el requisito de la excelencia es aprender a confiar en nosotros mismos. Decir al hijo: "¡tú puedes!" es ayudarle a romper la compuerta de sus propias limitaciones. Toda persona con firme determinación puede superar cualquier obstáculo.

Cuando el hijo no entienda algo, estimularle a investigar; que no se quede con dudas, que no se detenga ante lo que no ve claro.

Es importante igualmente no dejar sin respuesta sus preguntas, aunque a parezcan superfluas, ilógicas o fuera de lugar. Siempre contestar con la verdad. Nunca infravalorar sus interrogantes.

Del mismo modo es de trascendental importancia que no lleguen a enorgullecerse por los logros alcanzados. Sí que los celebren y se alegren, pero que no se crean superiores a los demás. Hay que tener cuidado de que la excelencia derive en presunción.

Finalmente, es justo hacer la distinción entre la excelencia y el perfeccionismo. El perfeccionismo es una insatisfacción excesiva por lo que se ha realizado.

Para evitar este exceso, conviene, por una parte, festejar los logros alcanzados; que sienta la sensación de haber llegado a una meta; y, por otra, no descuidar otros aspectos de la vida. Por ejemplo, si el niño es bueno para matemáticas y se apasiona por ser el mejor, estimularle a ganar el concurso, pero también animarle a no descuidar el deporte o la biología.

6. *Inflexible y duro en la preservación de los valores, pero al mismo tiempo se preocupa profundamente por su gente.*

Una de las funciones más difíciles en la vida es la de ejercer el liderazgo. La capacidad de mando y de dirección es un arte sofisticado, sólo apto para personas muy hábiles. Por ello, hay tanta escasez de verdaderos dirigentes y líderes. Es lo que más busca cualquier tipo de organización. También entre los padres de familia hay carencia de esta habilidad.

En síntesis, podríamos decir que los grandes líderes, los mejores directivos, reúnen dos cualidades contrastantes, dos elementos que dan a su personalidad un magnetismo irresistible e inspiran admiración en quienes dependen de ellos.

Se trata precisamente del equilibrio entre la intransigencia en la conservación de una serie de valores, por una parte, y la cercanía y respeto por cada persona, por otra. Esa es la fórmula mágica del liderazgo. Es un equilibrio difícil, pero posible.

El papá y la mamá son los primeros líderes que nos encontramos al llegar a este mundo. El tipo de liderazgo que ellos ejercen sobre nosotros influirá notablemente a lo largo de nuestra vida.

Según algunos estudios, la generación actual de padres de familia es una generación de padres consentidores. Se caracteriza por sobreproteger y sobre-consentir a los hijos.

Esta generación fue educada, a su vez, por padres muy tradicionales, intransigentes y duros; así que fue la primera en decir "basta; a los hijos hay que quererlos, amarlos y respetarlos". Así que les dieron demasiado a los hijos. Son los padres consentidores, les dan todo. Y entonces están creando una nueva generación de niños inútiles, que siguen siendo niños hasta los 30 años...

Esta nueva generación de hijos está acostumbrada a gastar con lo que les da la familia sin ningún sentido de responsabilidad.

Un estudio realizado por la Universidad *Brigham Young*, de Estados Unidos, llegó a las siguientes conclusiones a partir de 5000 encuestas con muchachos de 12 a 19 años, que se publicó en el número de julio de 2010 del *Journal of Studies on Alcohol and Drugs*.

1. Si los padres son estrictos pero a la vez cercanos y cálidos, los adolescentes beben menos.

2. Si los padres son estrictos en horarios y normas de casa, pero la relación con sus hijos es fría o meramente autoritaria, los muchachos tendrán mayor riesgo de abusar del alcohol. De hecho, el riesgo será más del doble.

3. Lo mismo sucede si los padres son cercanos, afables y tratables... pero no ponen límites a sus hijos y no se muestran

estrictos con los horarios o las normas de casa: los muchachos los "torearán" y abusarán del alcohol. Con estos padres, el riesgo de abusar del alcohol se triplica.

La fórmula ideal es ser estricto con las normas y horarios de la familia, y asegurarse de que el joven rinde cuentas de dónde va y con quién, pero manteniéndose cálido, afable y acogedor en el trato con el adolescente.

El estudio demuestra por primera vez que la actitud de los padres es importantísima para evitar que los jóvenes abusen del alcohol. Además, el estudio muestra que aquellos jóvenes que tienen padres a la vez estrictos y cálidos también suelen tener amigos que beben poco o moderadamente.

Los padres necesitan combinar una relación cálida, amorosa, con sus hijos y, a la vez, saber bien cómo pasan el tiempo fuera de casa. Es lo que en inglés se llama *accountability*, es decir, "rendir cuentas".

La "fórmula mágica" del liderazgo es la aplicación práctica del principio clásico: "suave en la forma pero firme en lo esencial".

La Dra. Gladys Sweeney comenta la importancia de este principio, desde el punto de vista de la psicología, para el desarrollo armónico de la personalidad y como condición para que un niño alcance la madurez afectiva.

"Una persona 'madura afectivamente' es alguien que tiene confianza y seguridad en sí misma, posee una conciencia bien desarrollada y normas morales buenas, se relaciona bien con los demás, es capaz de formar buenas amistades, está bien motivado hacia la escuela, el trabajo y sus metas personales, y es capaz de aceptar el amor de otros y de dárselo, sin que durante el proceso pierda algo de sí mismo. En otras palabras, es un individuo 'completo', que al mismo tiempo posee la libertad para darse totalmente a los demás".

Para ayudar al niño a alcanzar la madurez afectiva, la misma Dra. Sweeney sugiere una regla muy sencilla; es el secreto de las "B&B": *Bonding* (vínculo) y *Boundary* (límite). Consiste en lograr un trato con el niño que combine tanto el lazo afectivo como las reglas. Cuanto más fuerte es el lazo afectivo, más importantes deben ser las reglas.

Ciertamente los procesos psicológicos suelen ser complejos, pero esta regla tan simple puede ser de enorme utilidad.

El fundamento de esta regla es el hecho de que el niño responde más fácilmente a las normas cuando cuenta con un lazo afectivo seguro con la madre; porque el niño lo que más teme –explica la doctora– es perder la aprobación de aquella persona con la cual tiene el vínculo afectivo.

Pongamos el ejemplo de un niño de tres años, a quien su madre le ha dado cariño: el bebé comete una maldad y la mamá se enoja; ante ese enojo, el niño dice: "ah, está enojada por lo que hice". De este modo aprende que no debe hacer eso. Por el contrario, si ese niño no ha recibido el afecto sensible de la madre, y ésta se enoja por algo malo que el hijo hizo, entonces el niño dirá: "ah, no me quiere" o "está enojada porque soy malo".

Esa diversidad en la interpretación infantil del enojo materno, tendrá sus implicaciones en la edad adulta; en el primer caso, ante un error de la vida profesional, el joven sabrá cambiar su conducta y aprender de sus errores para mejorar. En cambio, en el segundo caso, tomará como una ofensa personal todo error, corrección o llamada de atención: "soy un fracasado, no me van a aceptar, la traen contra mí…"; con este modo de interpretar los hechos, tendrá pocos recursos personales para cambiar su conducta y buscar soluciones.

De ahí la importancia de que el hijo, desde la más tierna infancia, reciba afecto materno junto con un código de conducta. La madre que crea un vínculo afectivo seguro es la que responde a las necesidades del niño, le da mucho afecto y, además, le exige un cierto tipo de comportamiento.

En cambio, las madres que crían niños afectivamente inseguros son impredecibles, están preocupadas con su propia actividad, no tienen empatía, no escuchan sino que imponen sus propias necesidades al niño.

Sugerencias de acción:

La sana costumbre de hacer una breve oración al momento de levantarse de la cama en la mañana, o al irse a dormir en la noche, es uno de los regalos más preciosos que se pueden dar a los hijos; un regalo que los acompañará por el resto de su vida.

Esas plegarias sencillas y pegajosas serán para ellos como esa diminuta luz que ilumina la habitación en la noche. En los momentos de oscuridad y turbación del camino de su vida, la oración será su única tabla de salvación que les librará de caer en la desesperación.

Y no digamos la santa misa dominical o el rezo del santo rosario; son hábitos que marcan una sólida jerarquía de valores. En domingo, primero la misa y luego el fútbol…

Los límites tienen que ser reales: el castigo o el premio tienen que cumplirse; de lo contrario se debilita la autoridad y los valores pierden significado. Si la mamá dice algo, el papá la tiene que apoyar. Por ejemplo, si el hijo llega tarde, al día siguiente ya no se le dará permiso de salir con los amigos, como se le había advertido.

Si no quiere colaborar en las tareas de la casa, la mamá tiene que ponerse firme y no dejarlo salir con los amigos hasta que termine su responsabilidad.

Pero también hay que saber convivir con los defectos y deficiencias de los hijos cuando son debidos a la inadvertencia o a la debilidad. "Un error es el que se comete dos veces".

Los papás muy regañones hacen imposible el diálogo y generan un clima de desconfianza. Los gritos continuos, los arrebatos de ira, los insultos… generan temor, distancia, frialdad; el hijo nunca podrá expresar su propia opinión. Pero lo peor es que en su vida adulta también sentirá cualquier tipo de autoridad con temor y desconfianza.

Esa desconfianza generará inhibición en el niño para desarrollar sus propios talentos y capacidades; crecerá con complejo de inutilidad, baja autoestima y frustración.

Con papás demasiado impositivos, fríos y distantes, el niño obedecerá las indicaciones que le den; pero será más por temor que por deseo sincero de agradarles; el miedo es agotador. Ese temor, si es algo habitual, comenzará a hacerse insoportable, de tal manera que, si encuentra la oportunidad, el hijo intentará desobedecer pero sin sufrir las consecuencias (el castigo). Formará el hábito de la insinceridad y la mentira. Cuando llegue a la edad, deseará romper esa camisa de fuerza, desvinculándose o rebelándose contra toda autoridad; y se irá al extremo opuesto del libertinaje. Pero lo peor es que ese niño crecerá sin convicciones interiores, sin principios. Será presa fácil para las pandillas y la delincuencia.

Sí, es absolutamente necesario exigir al hijo el cumplimiento del deber; pero igualmente imprescindible es brindarle cariño.

Del mismo modo, la formación del adolescente requiere que le pregunten dónde va a estar por si le pasa algo; no solamente por principio de dependencia, sino simplemente porque "somos una familia y debemos saber dónde andamos por si nos ocurre algo".

Una sugerencia práctica para la aplicación del principio de las "B&B": es común que a los niños les guste el deporte y les desagraden las tareas; una estrategia para lograr que hagan las tareas es que la mamá o el papá asuman ese gusto del niño por el deporte: vean con él un partido, aprendan cómo se juega, le lean las noticias del campeonato, etc. Esto es el *bonding*. El *boundary* consiste en decirle: "mira, ahora no vamos a jugar, lo haremos mañana. Ahora quiero que hagas la tarea de la escuela o que limpies el jardín …" El mensaje que recibe el niño es: "mi papá hizo lo que me gustaba; ahora voy a hacer lo que le gusta a él, y puedo agradarle".

Finalmente es extraordinariamente necesario generar un clima de confianza en el hogar, para que los hijos cuenten con sus papás para todo y en cualquier momento; que tengan claro que sus papás están para ayudarlos, pase lo que pase; que sean francos y transparentes con ellos.

7. *Mantiene claridad en relación con sus objetivos y valores.*

Otra cualidad de dirección es la clarividencia. Los mejores líderes toman sus decisiones en función de sus valores, propósitos, objetivos, y desechan resueltamente todo lo que no va de acuerdo con ellos.

Los valores deben llegar a ser en los hijos convicciones personales que los acompañen a lo largo de toda la vida. Esos valores serán la brújula que los guíe al momento de tomar decisiones.

Estos valores y propósitos, cuando están bien grabados en el mapa interior de un joven, le dan la capacidad y la fuerza para renunciar a otras cosas que se oponen o no van en esa línea.

Los objetivos en cualquier ámbito de la vida se descubren a partir de estas tres preguntas:

1. ¿Cuáles son mis aptitudes?
2. ¿Qué es lo que me apasiona?
3. ¿Qué necesitan los demás?

El resultado de la investigación lleva a precisar "qué es lo que puedo hacer mejor que nadie, dónde está mi nicho en este mundo".

La atención a las necesidades de los demás es lo que dará los beneficios económicos a futuro, porque la gente paga cuando encuentra lo que necesita. Pero esa atención a las necesidades de otros es una actitud que se forma desde la infancia.

Sugerencias de acción:

En la medida de lo posible, conviene dar a los hijos los motivos por los cuales deben hacer las cosas o evitarlas. Por ejemplo, "nunca debes hacer esto porque no es justo…"

Así irá asimilando las razones que justifican un comportamiento y será más fácil que se conviertan en convicciones personales.

El adolescente o joven debe llegar a decir: "yo quiero ser responsable…" o "yo no quiero tener adicciones", "yo no quiero beber más de la cuenta…", etc. Cuando salgan solos a las fiestas, esas convicciones y principios personales les llevarán a beber con moderación, independientemente de si el papá se entera o no.

Cabe mencionar que todo tipo de adicción es el intento de cubrir un vacío afectivo. Las cinco adicciones principales son: alcohol, droga, sexo, trabajo, alimentación compulsiva (bulimia, anorexia, obesidad).

La atención a las necesidas de los demás es la mejor medicina contra las adicciones, y contra otras enfermedades de carácter psíquico, como la depresión. Acostumbrar a los hijos a poner la mirada en el otro y no en sí mismos, constituye uno de los regalos más grandes que pueden hacer los papás. Las diversas actividades de voluntariado (visitar un orfanatorio, llevar medicinas a un hospital, ayudar a la abuelita, etc.) resultan extraordinariamente valiosas de cara al futuro del niño.

8. Sabe escuchar, comprender. Evita el autoritarismo.

Una cualidad poco común en la mayor parte de los que ocupan puestos de dirección, como pueden ser los mismos padres de familia, es la capacidad de escuchar con atención.

Los líderes verdaderamente efectivos, en lugar de mandar ("haz esto"), echan mano del talento de la gente ("¿qué harías tú?"); preguntan, saben escuchar.

Este tipo de líderes no viven demasiado apegados a su juicio, sino que están abiertos al parecer de los demás; no tratan de imponer su punto de vista a como dé lugar sino que, en las situaciones complejas, primero tratan de entender.

Ahora bien, una vez que han escuchado con sinceridad y entendido con claridad, entonces se forman un juicio y aseguran su ejecución.

Ambos extremos de la cuerda son importantes; por una parte, apertura para entender y, por otra, firme decisión para llevar a cabo la resolución tomada.

Ichak Adizes, uno de los consultores más reconocidos a nivel internacional en el campo empresarial y político, comenta lo siguiente.

"Ricardo Salinas Pliego es uno de los escasos líderes que saben cómo tomar decisiones democráticamente (escuchando con una mente abierta a quien pueda contribuir con sus ideas) y después autoritariamente (y en esto no permite disentir) implementar la decisión tomada.

Es una rara cualidad el ser de mente tan abierta, para luego mostrar una gran determinación y objetividad de visión. En mi experiencia, la mayor parte de las empresas sufren, no por la ausencia de buenas decisiones, sino por no implementarlas adecuadamente.

Éste no es un problema que aqueje a Ricardo, y aquí radica el secreto de su enorme éxito.

En mis treinta años de consultoría para empresas Fortune 100 y para ocho Primeros Ministros, Ricardo se encuentra entre los cinco líderes empresariales más importantes a quienes yo he conocido o con quienes he colaborado. Su juicio es impecable: toma riesgos, pero sabe cómo controlarlos. Escucha y al mismo tiempo forma sus propios criterios.

Es extraordinario, y para expresarlo de una forma no trivial: es simplemente brillante".

Sugerencias de acción:

Prestar atención y escuchar lo que me dicen mis hijos, aunque a mí me parezca irrelevante.

Enseñarles a expresar correctamente sus opiniones y puntos de vista cuando se está conversando en la mesa.

Es todo un arte el saber provocar diálogos constructivos en los que se respete la opinión de todos. ¡Cuánto contribuye a la formación de hijos exitosos, seguros y humildes!

9. *Experto en delegar.*

Un líder evita hacer las cosas por sí mismo, tiene paciencia, sabe entrenar y dar instrucciones a quienes dependen de él. Una cosa es mandar y otra es delegar.

Existen básicamente dos tipos de delegación: la "delegación en recaderos" y la "delegación en encargados" (cf. Stephen Covey).

La delegación en recaderos significa "ve a buscar esto, ve a buscar aquello, haz esto, haz aquello, y avísame cuando esté hecho". Consiste en la supervisión de los métodos uno por uno. Implica supervisar y controlar cada uno de los pasos. Se consigue muy poco así. Existe un camino mucho mejor, un modo más efectivo de delegar.

Delegación en encargados: se centra en los resultados y no en los métodos. Permite a las personas elegir sus métodos y las hace responsables de los resultados.

Supone la comprensión clara y el compromiso mutuo, desde el principio, acerca de las expectativas en cinco áreas:

- Resultados deseados: crear una comprensión mutua y clara de lo que hay que lograr, concentrándose en los resultados, no en los métodos.

- Directrices: identificar los parámetros dentro de los cuales debe operar el individuo.

No se pretende que una persona llegue a pensar que tiene una libertad absoluta, que viole alguna práctica o valor.

- Recursos: identificar los recursos humanos, económicos, técnicos u organizacionales con los que la persona puede contar para el logro de los resultados deseados.

- Rendición de cuentas: establecer las normas de rendimiento que se utilizarán en la evaluación de los resultados, y los momentos específicos en que esa evaluación tendrá lugar.

- Consecuencias: especificar lo que sucederá, lo bueno y lo malo, como resultado de la evaluación: recompensas.

La confianza es la forma más elevada de la motivación humana. Saca a la luz lo mejor de la gente. Pero requiere tiempo y paciencia, y no excluye la necesidad de adiestrar y desarrollar a las personas para que su competencia pueda elevarse al nivel de esa confianza.

Con individuos inmaduros, hay que especificar menos los resultados deseados y más las directrices, identificar más recursos, realizar entrevistas más frecuentes de rendición de cuentas y aplicar más consecuencias inmediatas.

Con personas más maduras, los resultados deseados pueden ser más desafiantes, hay menos directrices, una rendición de cuentas menos frecuente y criterios menos mensurables pero más discernibles.

Sugerencias de acción:

Resulta sumamente formativo nombrar encargados de cada una de las zonas de casa: María se encarga de que el comedor esté ordenado y recogido los domingos; Pedro, que el jardín esté limpio y cortado el pasto; Alejandro, se encarga de limpiar el coche antes de que salgamos a comer, etc.

Al delegar estas responsabilidades, hay que tener en consideración la edad, preferencias y habilidades de cada uno. Pero todos deben tener algo, aprender a realizarlo y rendir cuentas. Luego, no se debe omitir el premio al mejor (según unos parámetros previamente acordados); y, en caso de que suceda, habrá que sancionar la irresponsabilidad y el descuido voluntario.

10. Sabe descubrir y desarrollar los talentos de su gente y la promueve.

Para delegar con efectividad, un requisito indispensable es saber seleccionar a la persona adecuada para cada tarea. Para ello, hay que conocer bien a las personas.

Hay papás que son incapaces de decir cuáles

son las principales cualidades de sus hijos. No los conocen, no se han tomado la molestia de descubrir los tesoros que tienen entre manos.

Otros, en cambio, conocen bien sus cualidades pero cierran los ojos a sus defectos.

Ambos extremos no son buenos. Es preciso ser muy objetivos al momento de evaluar y ponderar a nuestros hijos para poderlos encaminar con realismo por la vida. Las falsas ilusiones pueden ser perjudiciales.

Es preciso hacerse el propósito de conocer las habilidades y defectos principales de cada niño. No todos son buenos para lo mismo. Uno sobresale en matemáticas y el otro en deporte. En cualquier caso no conviene compararlos o ponerlos el uno contra el otro.

Otro punto de capital importancia es evitar proyectarse en los hijos. ¡Cuántas frustraciones se generan por querer ver en los hijos aquello que quisiéramos encontrar en nosotros!

Una vez que se han detectado las cualidades y talentos de los hijos, hay que darles las oportunidades para que las desarrollen: juguetes, clases, libros, etc.

Sugerencias de acción:

Los juegos manuales no son sólo buenos entretenimientos para los niños. También son pedagógicos y ayudan a desarrollar las habilidades infantiles. Por ejemplo, un profesor de micro cirugía me dijo que sus mejores alumnos son aquellos que, cuando eran niños, jugaron Xbox, Nintendo, y este tipo de juegos que exigen gran rapidez manual y ocular. Les ayudan a desarrollar mejor esas cualidades. Esos juegos también ayudan a los futuros ingenieros en electrónica o robótica, porque desarrollan la psicomotricidad fina.

Asimismo, los juegos compartidos con los hermanitos o los amigos son caldo de cultivo de los talentos y de la futura profesión de los hijos.

Los pequeños siempre han jugado a ser grandes, les atrae lo que los adultos hacen; quieren ser policías, doctores, manejar sus cochecitos, hacerla de mamá con las muñecas, etc. Es un juego universal y de siempre.

Los adultos a menudo pensamos que los niños juegan para entretenerse, para dejarnos tiempo libre. La realidad es bien distinta. Los niños juegan porque es el medio por el que comprenden cómo es el mundo y se integran en él.

Jugando desarrollan sus aptitudes físicas, su inteligencia emocional, su creatividad, su imaginación, su capacidad intelectual, sus habilidades sociales…. y al tiempo que desarrollan todo eso, disfrutan y se entretienen.

IV. LA RUTA DE LA EDUCACIÓN

¡Todo comunica!

Hemos concluido el repaso de algunas características personales que es necesario inculcar en los hijos para asegurar su futuro, dentro de lo humanamente posible. Ahora es el momento de estudiar por separado el proceso de la transmisión de los valores.

La transmisión de los valores también tiene un proceso, unos pasos que hay que seguir para obtener los resultados deseados. No es lo mismo educar a un bebé, que a un adolescente de 14 años. A cualquier edad los valores son los mismos siempre, pero cambia el modo de comunicarlos.

Para comunicar con eficacia, hay que partir del hecho de que no basta una acción o una sola táctica. Como en una orquesta donde cada sonido tiene su lugar y su momento, en la labor educativa cada uno de los elementos comunica algo; puede ser positivo o negativo, pero algo comunica: un grito, un silencio, un regaño, una negativa, un premio, una decisión, un beso, un abrazo, una caricia, una ausencia... todo dice algo.

Por ello, no hay que dar nada por supuesto. Los valores son semillas que se deben sembrar y cultivar. No se dan por generación espontánea. Lo que sí se da por generación espontánea es todo lo contrario, es decir, los anti-valores. Esos sí nacen aunque uno no los quiera.

Si no hacemos un cultivo consciente y laborioso de los valores, comenzarán a crecer los comportamientos y actitudes indeseados que luego nos darán sorpresas.

Hay papás que dicen, "pero si yo no le enseñé nunca eso..." Sí, es verdad, pero tampoco le enseñaste lo contrario... Cuando hay omisión y falta de cuidado en un jardín, las hierbas malas saldrán por sí solas, tarde o temprano.

No podemos dar por supuesto que el hijo soñado vendrá por generación espontánea. Cada individuo es una obra de arte en potencia; se requiere tenacidad para llegar a su plena realización.

Los siete elementos del proceso formativo

Sabemos que la realidad es compleja y que no existen fórmulas mágicas, pero puede ser de utilidad repasar los siguientes elementos, para contar con una visión de conjunto del proceso formativo.

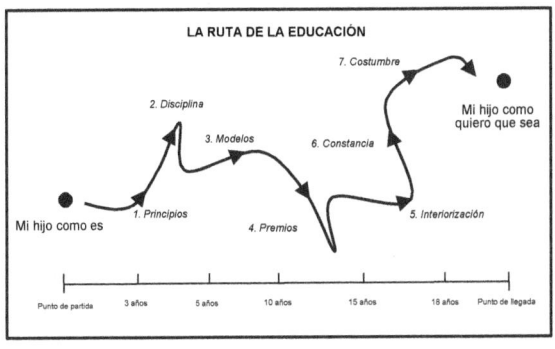

1. *Principios claros.*

Es importante que los papás, al momento de emprender la labor de educación, tengan lo más claro posible qué valores enseñarán a sus hijos, de manera que luego no haya contradicciones.

A veces la mamá da mucha importancia a un valor cuando el papá no tiene ningún interés. Ese tipo de desacuerdos son los que siembran inseguridad y conflicto en los hijos.

Los niños pequeños no captan en un principio el contenido de los valores ni sus razones, como el agradecimiento, la urbanidad, el respeto, la puntualidad. Deben aprenderlos de forma autoritativa.

Por ejemplo, aprenden el valor de la puntualidad cuando la mamá dice que "se come a las 3:30 de la tarde en la mesa"; aprenden el valor de la responsabilidad cuando se les obliga a hacer las tareas siempre después de comer y antes de irse a jugar. Desarrollan el sentido de la gratitud con instrucciones como "dale las gracias a tu tío…"

Ahora bien, como se verá más adelante, los valores humanos auténticos no pueden entrar en contradicción ni en conflicto entre sí. Son, por así decirlo, como vasos comunicantes; el respeto, por ejemplo, nunca entrará en contradicción con la honradez. Y así con todos los valores.

En sustancia, podríamos decir que todos los valores son formas de manifestar y expresar la dignidad que merece toda persona. Por lo mismo, cuando los papás eligen un valor como prioritario, no quiere decir que están excluyendo otros.

Si se insiste en un valor específico, por ejemplo, en la responsabilidad, como base de la educación de los hijos, todos los demás valores le seguirán automáticamente: la justicia, la puntualidad, la honradez, la atención, etc. Sin embargo, sí conviene poner unos pocos valores (2-3 máximo) como prioritarios, con el fin de unificar las decisiones y la formación que se dará a los hijos.

2. La disciplina y adiestramiento (corrección-rectificación).

El niño debe adquirir un comportamiento que no le viene de modo espontáneo. Es como un animalito que obedece a sus impulsos y necesita un instructor que le vaya adiestrando a comportarse de un cierto modo.

Siempre, en todas las familias, se requiere mucha paciencia para corregir la conducta espontánea de los hijos y sustituirla por otra. "No subas los codos a la mesa", "no comas con la boca abierta". Todas estas instrucciones son sumamente desgastantes pero insustituibles.

"Las cosas que es necesario haber aprendido para hacerlas –explicaba Aristóteles– las aprendemos haciéndolas. Practicando las acciones justas llegamos a ser justos, practicando las acciones moderadas llegamos a ser moderados y practicando las acciones valerosas llegamos a ser valientes" (Ética a Nicómaco).

Kant, por su parte, decía que estos primeros

simulacros de virtud se deben a la disciplina, es decir, a una normativa externa: lo que el niño, carente de instinto, no puede hacer por sí mismo, "es necesario que otros lo hagan por él", y de ese modo "una generación educa a la otra" (Reflexiones sobre la educación).

Decir "por favor" o "perdón" es hacer como que se es respetuoso; decir "gracias" es hacer como que se está agradecido. Ese ejercicio es el inicio del respeto y del agradecimiento. No es todavía una virtud. Pero las virtudes se aprenden así, con este adiestramiento (cf. André Comte-Sponville).

3. Los modelos y mentores (guías cercanos).

En el 80% de los casos los niños imitan el comportamiento de los papás. Los estudios sobre adicciones señalan que, si el papá es alcohólico, hay 80% de probabilidad de que el hijo lo sea también. Y lo mismo se puede decir de cualquier tipo de comportamiento.

Alguien dijo que "enseñamos lo que sabemos, pero contagiamos lo que vivimos". De ahí que la presencia constante y la cercanía de los papás sean insustituibles. La presencia física no se suple con nada. Todos los niños necesitan modelos tangibles. Más que un buen colegio, un buen club o buenos programas de televisión, la mejor inversión que se puede hacer para la buena educación de los hijos es el tiempo, el tiempo que los papás están con ellos.

Según algunas estadísticas, la familia influye hoy sólo en un 20% en la transmisión de valores, mientras que los medios de comunicación tienen una influencia del 45%. Algunos medios de comunicación resaltan antivalores: hedonismo, materialismo... De esta forma reducen la efectividad en la influencia educativa de los padres sobre sus hijos. Otros estudios muestran que el 54% de los niños norteamericanos cuentan con una televisión en su propia habitación. Un niño pasa un promedio de 4 a 6 horas diarias viendo televisión; este mismo niño pasa sólo 15 minutos de tiempo diario de calidad con su papá. ¡Esto dice mucho!

Si le sumamos las 2.30 horas promedio que pasa en Internet, las horas dedicadas a escuchar música o a jugar videojuegos y a estar en contacto con amigos y aún desconocidos, a través de todas las pantallas a su alcance, podemos afirmar que su mundo, sus temas de interés y motivaciones, los estímulos e ideas que recibe de todo este entorno mediático son poderosamente superiores a los que hoy ejercen los padres de familia.

La principal responsabilidad de los padres es la educación de sus hijos. Pero aunque todos coincidimos con este principio, en la práctica muchos papás dedican más tiempo y atención a otras cosas. No están realmente presentes y cercanos, evaluando su formación.

Algunos dicen que es mejor la calidad, que la cantidad de tiempo que se dedica a los hijos. Las dos son importantes: cantidad y calidad. El mero hecho de que el papá esté en casa, ya comunica mucho al hijo, posiblemente de modo silencioso e inconsciente; le comunica la sensación de seguridad, de protección, de cercanía. Además, el hecho de ver a su papá y observar cómo actúa, ya inspira al hijo cómo deberá comportarse cuando llegue a ser mayor; tiene a la vista un patrón de comportamiento.

Es necesaria la presencia tanto del padre como de la madre en la infancia de un niño. De acuerdo con los estudios de psicología, el papel de la figura femenina es el de ayudar al niño a encontrar una identidad personal segura (sentirse apto de ser amado por sí mismo); en cambio, el papel de la figura masculina es el de ofrecer al niño el modo de abrirse camino en el mundo (destreza para realizar cosas y tomar decisiones).

Estas son las dos alas necesarias para el vuelo de la edad madura. Cuando en la infancia falta alguna de las dos figuras, es probable que el niño crezca inestable, inseguro.

Cuando no hay mucho tiempo para estar con el niño o cuando son varios hijos y no se tiene posibilidad de dedicar a todos la misma cantidad de tiempo, una buena sugerencia es ir por la noche, sentarse al borde de la cama y platicarle aunque el niño esté medio dormido; decirle al oído palabras de cariño y de consejo, de ánimo. Él sólo escucha. No dice nada. Pero el mensaje se va quedando en el subconsciente.

Es sumamente necesario dar instrucciones concretas para cuando están solos: "no tomes bebidas si no te las dan cerradas…", "no abras la puerta a nadie si yo no estoy en casa", "no aceptes regalos de gente que no conozcas", "si te ofrecen drogas o alcohol, diles que más al ratito… así ya no te molestan ni se burlan de ti".

Y obviamente, resulta de la máxima importancia prestar atención a sus amistades y el talante de las personas con las que pasa mucho tiempo durante el día: profesores, entrenadores, amigos, parientes, etc.

4. Las premiaciones y la competencia (estímulos).

Desde siempre, las premiaciones y la competencia han sido parte importante en la labor educativa. Son de los instrumentos más efectivos para descubrir el potencial que se esconde bajo las apariencias, o para desarrollar los talentos que están en germen.

Pero no hay que premiar todo. Lo que es ordinario o fácil no merece un premio. Si eso se llegara a recompensar, realmente se está deseducando al muchacho; se debe premiar sólo aquello que exige un esfuerzo extra de su parte.

La competencia igualmente constituye un instrumento estimulador del talento; pero es un arma de doble filo que requiere destreza por parte del educador. Fácilmente puede provocar riñas, revanchas, etc.

Ante todo hay que dejar claro que la competencia es individual, es decir, el niño está compitiendo consigo mismo. La sana rivalidad nos ayuda a explotar nuestros talentos, pero también puede provocar incomprensiones.

Puede resultar contraproducente, en ciertos casos, comparar un hermano con otro; en una competencia hay que saber perder; saber aceptar que el otro tiene talentos que yo no tengo y viceversa.

Tampoco hay que acostumbrar al hijo a siempre ganar o siempre perder, porque se abandona en el letargo de la soberbia o de la impotencia. Al ganador, hay que buscarle, en la medida de lo posible, competidores mejores que él, de manera que siempre tenga nuevos retos.

5. Interiorización y reflexión (maduración-razonamiento).

El niño siempre necesita las razones que justifican el comportamiento que le es impuesto: "no toques porque lo puedes romper..."; "no robes porque es deshonesto".

Cuando el joven ha llegado a captar las razones de un cierto tipo de conducta y lo ha hecho suyo, podemos decir que ha llegado a su madurez. La disciplina ya no será exterior, sino interior. Actuará por convicción y no por influencia del ambiente o de los regaños de los papás. "Yo no quiero robar, yo no quiero emborracharme". Es una imposición desde dentro.

6. La constancia e integridad (hábitos).

La educación en valores requiere mucha, muchísima paciencia. Se dice que un comportamiento repetido 30 días seguidos se convierte en hábito, es decir, llega a hacerse un acto casi natural: espontáneo y fácil.

Cualquier jugador profesional necesita repetir y ensayar hasta la saciedad los pasos de un movimiento específico, hasta que le salga natural.

Lo mismo ocurre con los hijos. Hay que ser constantes y no desmayar; no creer que con una o diez veces ya bastó.

Los papás tienen que ser constantes y coherentes en la exigencia; lo que un día se dijo "no", debe mantenerse invariablemente.

Es necesario repetir los valores continuamente y de diversas formas, hasta la saciedad: que tienen que ser honestos, justos, trabajadores, respetuosos, responsables... Nunca es suficiente.

Es importante que los papás no se dejen llevar del respecto humano, es decir, del temor a perder la estima de sus hijos por el hecho de ser persistentes. En ocasiones la vanidad nos lleva a temer perder el aprecio de los hijos. Hay que tener valentía, pero también es importante reconocer que los hijos, aunque a veces se enojan con nosotros y nos contrarían, en el fondo de su alma guardan un respeto profundo por los padres exigentes.

En 2005 pidieron a los niños del salón de clase de un colegio de México un ensayo sobre su mejor amiga o amigo. Jackie, alumna de doce años, escribió lo siguiente:

"Mi mejor amiga es la que me regaña cuando dejo mis cosas tiradas, con la que me enojo porque no me deja ir a una fiesta; ella también es la que me hace comer cosas raras aunque no me gusten; la que me dice: "tienes que ir a la escuela aunque tengas flojera"; la que me regaña cuando me peleo con mi hermano (aunque él haya tenido la culpa); la que me dice: "ya vete a dormir, ya es muy tarde"; la que me regaña porque llevo mucho tiempo en la computadora o porque veo novelas; la que investiga mis planes: "¿cómo, cuándo y dónde es?"; pero todo eso, aunque no lo puedo entender, yo sé que es por mi bien.

Y aunque haya puesto cosas malas, también hay cosas buenas; así como cuando vamos de compras, ella es la única que sabe mis gustos y qué me va; mi mejor amiga me entiende y me ayuda en los problemas que tengo; la única en la que sé que puedo confiar; mi mejor amiga es la que siempre me va a querer y a perdonar pase lo que pase, mi mejor amiga es la mejor; y a mi mejor amiga me encanta decirle ¡MAMÁ!"

7. *La inercia de la costumbre.*

Finalmente, cuando ya se ha hecho el proceso con uno de los hijos, el bebé que le sigue aprenderá más fácilmente, casi por ósmosis, los comportamientos que ve en sus hermanos mayores. Es así como se forma una cultura o ambiente familiar. Lo que los niños ven en sus papás, tíos, abuelos, primos, les será más fácil incorporarlo al propio comportamiento. De ahí la importancia de la convivencia familiar frecuente.

V. CLARIFICANDO LOS VALORES

¿Qué son los valores?

Hemos estado hablando de valores y de cómo transmitirlos, pero ¿qué son los valores? Muchos tenemos dificultad en definirlos. A veces los confundimos con algo que realmente no son. Conviene, pues, dar un breve repaso al tema.

La función de los valores

Para comprender lo que son, primero es necesario conocer su función. La finalidad principal de los valores es la de constituirse en principios que guían nuestra conducta y decisiones. Ejercen la función de un mapa.

Decía Aristóteles que la mente humana es como una hoja en blanco que se va llenando conforme vamos adquiriendo conocimientos; esa hoja es como una "copia" del mundo exterior. Esa copia constituye el mapa que guía nuestras acciones, es el modo en que vemos el mundo exterior.

Todos sabemos que el mapa no es el territorio. Un mapa es simplemente una explicación de ciertos aspectos de un territorio. Es una teoría, una explicación o un modelo de alguna otra cosa.

Supongamos que uno quiere llegar a un lugar específico del centro de Querétaro. Un plano de la ciudad puede ser de gran ayuda. Pero supongamos también que se nos ha entregado un mapa equivocado. En virtud de un error de imprenta, el plano que lleva la inscripción de "Querétaro" es en realidad un plano de Celaya. ¿Puede imaginarse la frustración y la inefectividad con las que tropezará al tratar de llegar a su destino?

Se puede entonces trabajar sobre la propia conducta: poner más empeño, ser más diligente, duplicar la velocidad. Pero nuestros esfuerzos sólo lograrán conducirnos más rápidamente al lugar erróneo.

Uno puede asimismo trabajar sobre su actitud: pensar más positivamente acerca de lo que intenta. De este modo tampoco se llegaría al lugar correcto; pero es posible que a uno no le importe. La actitud puede ser tan positiva que uno se sienta feliz en cualquier parte.

Pero la cuestión es que nos hemos perdido. El problema fundamental no tiene nada que ver con la actitud o la conducta. Está totalmente relacionado con el hecho de que nuestro mapa es un plano equivocado.

Los valores son el mapa de nuestras decisiones

Si tenemos el plano correcto de Querétaro, entonces el empeño y el esfuerzo son importantes; y cuando se encuentren obstáculos frustrantes en el camino, entonces la actitud puede determinar una diferencia real. Pero el primero y más importante requerimiento es la precisión del plano.

Hay dos mapas en nuestra cabeza:
- mapa del modo en que son las cosas (conocimientos).
- mapa del modo en que debemos actuar ante esas cosas (valores).

Con esos dos mapas mentales interpretamos todo lo que experimentamos y tomamos nuestras decisiones (cf. Stephen Covey).

Y a partir de estos dos mapas se constituyen dos tipos de educación.
- Educación instructiva: la que transmite conocimientos (cómo son las cosas).
- Educación formativa: la que transmite valores (cómo comportarnos ante las cosas).

Por ejemplo, cuando a un muchacho se le ofrece un vaso de tequila en una fiesta de amigos, sus conocimientos le dicen que ese tequila es de buena calidad, de tal marca, que es extraído del agave, que tiene cierto precio, que es embriagante, etc. Ese es su mapa de conocimientos.

Pero su mapa de valores le indica cuál es la actitud que debería tomar ante esa bebida embriagante: "¿me conviene tomarla?"

El mapa de conocimientos se adquiere en la escuela, en los libros, en Internet, en la televisión, etc. Nuestra mente recibe conocimientos y los guarda en la memoria.

El mapa de valores se va grabando en el alma del niño mediante un proceso de transmisión que, como vimos anteriormente, se centra en el comportamiento.

La madre que dice a su hijo "no debes beber en exceso" está escribiendo en el mapa interior de ese niño una línea que en el futuro le ayudará a tomar decisiones. En la turbulencia de las situaciones complejas de la vida, esa pequeña línea, si está bien grabada, le dará luz para tomar la decisión correcta. Y si, además, vio cómo su papá era moderado en la bebida, entonces le será todavía más fácil la decisión; la línea está reforzada.

Incluso, si el joven u hombre adulto en algún momento del camino llegara a perder la ruta, las líneas que los padres grabaron en su mapa de niño, le ayudarán a retomar la vía.

Lo que sucede con mayor frecuencia es que

nuestro mapa de conocimientos está muy desarrollado y nítido; sabemos muchas cosas. Pero nuestro mapa de valores es borroso o confuso; de ahí que no tengamos claridad al momento de tomar las decisiones correctas. Los jóvenes de hoy tienen muchos conocimientos, pero pocos valores.

Génesis de los valores

Todas las percepciones del ser humano van acompañadas de una valoración. Cada vez que el hombre entra en contacto con algo, no sólo percibe sus características físicas exteriores, sino que realiza de modo espontáneo un juicio de valor. Por ejemplo, cuando vemos un coche por la calle, no sólo vemos su color y dimensiones, sino que hacemos también una valoración: "¡qué elegante!"

Esas percepciones generan también una demanda silenciosa: "quiero comprar un coche igual". El objeto que percibimos nos hace un reclamo, nos llama, por así decirlo, para que tomemos una decisión en relación con él; como si ese coche nos estuviera diciendo "¡cómprame! ¡cómprame!".

Nuestra capacidad de valoración determina nuestra cultura. Por ello dice Romano Guardini que "la educación de una persona puede medirse por la capacidad de distinguir valores auténticos y falsos, y por la precisión, certeza y fuerza con que responde al grado de valor de cada cosa" (Ética).

Así pues, el contacto del ser humano con las cosas que le rodean consta de tres pasos:

1. Percepción: capta los elementos físicos externos: color, dimensiones, sonido, etc. Ej., un vestido de seda roja en la vitrina de la tienda.

2. Valoración: hace un juicio de valor positivo o negativo de esa cosa en función de las propias expectativas. Ej., "ese vestido me vendría muy bien".

3. Demanda: toma una decisión sobre lo que ha percibido y valorado. Ej., "voy a comprar ese vestido para la fiesta de graduación".

El hombre ante los objetos
(valores materiales)

Ahora bien, el ser humano no sólo percibe cosas; también posee la capacidad de percibirse a sí mismo y reconocerse como autor de sus actos. Es capaz, por así decirlo, de objetivarse, de ponerse frente a sí mismo.

Por ser espiritual, el hombre es el único ser en la naturaleza que es capaz de hacer lo que en filosofía se llama "la vuelta completa". Es decir, una reflexión sobre sus actos que le lleva a reconocerse a sí mismo en ellos.

Esta auto-percepción va acompañada, como las demás percepciones, de un juicio de valor que invariablemente es este: "¡soy muy valioso!". Todos, por naturaleza, hacemos esta percepción en cuanto tomamos contacto con nosotros mismos desde la primera infancia.

Esa percepción y valoración genera una demanda silenciosa pero profundamente poderosa, la más poderosa del ser humano. Al igual que sucede con las cosas exteriores, también hace un reclamo para sí mismo y para los que le rodean: "necesito que me amen por lo que soy, que me respeten, que me tomen en cuenta, que me den mi espacio, que me dejen ser, que me permitan realizarme, ser yo mismo…"

Ese reclamo, surgido desde la misma naturaleza espiritual del ser humano, es el fundamento de su dignidad y de sus derechos. Es la fuente de donde manan los valores humanos; es decir, de las actitudes y comportamientos acordes con la dignidad de la persona.

El hombre ante sí mismo
(valores humanos)

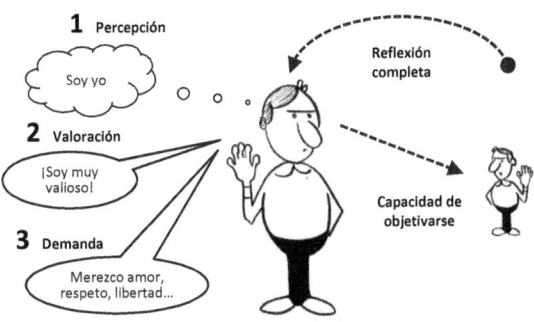

El contacto del ser humano consigo mismo se desarrolla, pues, de modo semejante al proceso de su contacto con las cosas externas:
1. Percepción: "¡soy yo!"
2. Valoración: "¡soy muy valioso!"
3. Demanda: "¡merezco respeto!"

Los valores fundamentales

A raíz de este contacto del ser humano consigo mismo nacen los tres valores que son el fundamento de todos los demás:
- Amor.
- Dignidad.
- Libertad.

Estas son las expectativas más profundas, exigentes y perdurables que se esconden en las entrañas de la estructura humana.

Todos los seres humanos tenemos estas expectativas. No están sujetas a los altibajos de la moda, del lugar, del tiempo. Se encuentran en un nivel profundo de la personalidad, tanto en la niñez como en la edad adulta.

Cada persona que vemos por la calle o que saludamos a la puerta de la casa nos está haciendo esa demanda silenciosa: "merezco respeto, necesito atención…" Cuando escuchamos y atendemos a esa demanda, entonces se genera una relación empática.

Estos requerimientos silenciosos llevan también consigo un veto: "no soy un instrumento". Ningún ser humano está hecho en función de otro. Todos poseen la misma dignidad; todos tienen un valor intrínseco y único.

De estos tres valores fundamentales surgen todos los demás: honestidad, caballerosidad, respeto, atención, cuidado, humildad, sinceridad, justicia, honradez, puntualidad, responsabilidad, etc.

Dado que todos los valores tienen su fundamento en la dignidad de la persona, cada uno de ellos refleja un modo concreto de guardar el respeto que merece esa dignidad. Por ejemplo, en una circunstancia específica, el valor de la gratitud es el modo de expresar mi respeto a esa persona. En otro momento, será mi silencio la manera más adecuada de expresar mi respeto, etc.

Por este mismo fundamento todos los valores son intercomunicados, no hay contradicción entre ellos, no pueden oponerse el uno al otro. Donde hay aprecio por un valor específico, los demás valores también vendrán con él. Todos nacen y convergen en la dignidad de la persona.

VI. EL MAÑANA SERÁ COMO LO VEO HOY

Historias recientes

Me encontraba en la sala bebiendo un refresco con mis amigos. Uno a uno iban llegando los hijos. Salían de sus habitaciones y su papá los presentaba: "Jorge, ya está trabajando como ingeniero en IBM. Araceli va en segundo de preparatoria; es la segunda del curso en calificaciones. Ramón, está en secundaria; es un fenómeno para el fútbol…"

Conforme iban llegando, pasaban, saludaban y se sentaban en el sofá. Después de una media hora bajó el último, Enrique; pelo largo, barba a medio cortar, camisa desabotonada y pantalones rasgados… llegó a la sala, saludó y, después de intercambiar unas palabras, se dirigió a la puerta: "¡voy con mis cuates!". En cuanto salió, el papá me miró y dijo: "es la oveja negra de la familia…"

En otra ocasión, pasé a tomar un café al local de los vecinos. El matrimonio tenía tres hijas. El papá, muy hablador y expresivo, no paraba de contar chistes. Le encantan las películas del viejo oeste. Las conocía todas. Así que le dio por apodar a sus hijas como los personajes de la clásica película de Sergio Leone: "la buena, la mala y la fea". Curiosamente, cuando tuve ocasión de saludar a las hijas, la tercera aparecía exageradamente pintada y arreglada; continuamente se miraba a los espejos y cristales de la tienda. Aunque, ciertamente, no era fea…

La percepción que tenemos de nuestros hijos influye no sólo en su comportamiento, sino en el modo como ellos se perciben a sí mismos. En psicología se le denomina "efecto Pigmalión".

Una historia antigua

Muchos de los mitos de la antigua Grecia han servido como fundamento para caracterizar diversos tipos de comportamiento. Así, por ejemplo, Sigmund Freud fundamentó una parte de su teoría en los mitos de Edipo y Electra.

Cuenta Ovidio en su Metamorfosis que Pigmalión, rey de Chipre, esculpió una estatua con la figura ideal de la mujer. Le gustó tanto su obra que quiso que se convirtiera en un ser real. El deseo fue tan fuerte que hizo todo lo posible para conseguirlo. Pidió ayuda a Venus Afrodita, la diosa del amor, la cual realizó su sueño. Así nació Galatea, su mujer ideal.

En este mito griego se encierran significados complejos que se replican en la educación de los hijos, la enseñanza de los alumnos y, a veces, en el estilo para dirigir al personal de una organización.

¿Puedo predecir el futuro?

Cuando alguien anticipa un hecho, existen muchas probabilidades de que se cumpla. A este fenómeno en psicología social se le llama "realización automática de las predicciones" y también se le conoce como "efecto Pigmalión" o "la profecía que se cumple a sí misma".

Podríamos decir que el efecto Pigmalión es el proceso por el cual las expectativas de una persona afectan de tal manera su conducta que ésta provoca en los demás una respuesta que confirma dichas expectativas. Es un modelo de relaciones interpersonales según el cual las expectativas, positivas o negativas, de una persona influyen realmente en aquella otra con la que se relaciona.

Mi hijo será como lo veo

Este fenómeno se da cuando existen relaciones de dependencia entre las personas: padres e hijos, profesores y alumnos, jefes y subordinados, etc. El porqué de que esto suceda estaría relacionado con un mensaje sutil que las personas somos capaces de enviar a otras.

Los padres, los maestros y los jefes tienen una fantasía respecto de cómo debe ser y funcionar un hijo, un alumno o un colaborador ideal, por lo que dichas expectativas terminan condicionando el desempeño de los dependientes.

Johann W. Goethe dijo que "si tomamos a los hombres tal y como son, los haremos peores de lo que son. Pero si los tratamos como si fueran lo que deberían ser, los llevaremos adonde tienen que ser llevados".

El efecto Pigmalión parte de tres supuestos:

1. Creer firmemente en un hecho.
2. Tener la expectativa de que se cumplirá.
3. Acompañar con mensajes que animen su consecución.

Muchos psicólogos han hecho diversas pruebas para comprobar este efecto. En el campo de la educación, el efecto Pigmalión fue introducido por el psicólogo estadounidense Robert Rosenthal, quien realizó un experimento con alumnos y maestros para demostrar que los estudiantes obtenían mejores rendimientos y un mayor desarrollo personal en la medida en que las expectativas de sus educadores eran mayores.

Esto se comprobó mediante una serie de experimentos aplicados con tests de inteligencia a estudiantes con dificultades escolares. Posteriormente, a los maestros se les comunicaban los resultados falseados, en los cuales los muchachos aparecían como mucho más inteligentes de lo que en realidad habían obtenido en el test. La consecuencia fue que esos alumnos pasaron a ser los más destacados en clase y mostraron una inteligencia por encima del promedio. La razón de esa superación estribó en que los estudiantes se sintieron más capaces.

Lo anterior se debió, principalmente, a que los profesores esperaban siempre buenos rendimientos de estos alumnos a los que se les había presentado como especialmente inteligentes. Movidos por este preconcepto, los maestros aplaudían cualquier pequeño acierto y disimulaban los pequeños fallos.

El efecto de esta predisposición positiva de los profesores era que aumentaba en estos alumnos la confianza en sí mismos y, en consecuencia, mejoraba su rendimiento.

"Para el profesor Gutiérrez yo seré siempre un niño travieso porque él me trata siempre como a un niño travieso; pero yo sé que para ti puedo ser un gran hombre, porque tú siempre me has tratado y me seguirás tratando como un gran hombre".

¿Cómo vemos a nuestros hijos?

V. CONCLUSIÓN

No quitar el ojo del objetivo final

En el día al día es importante no perder de vista el objetivo. Cuando estamos cansados o preocupados, fácilmente damos a los hijos todo lo que piden "con tal de que me deje en paz…"

Hay que recordar siempre que todo comunica. Si un día bajamos la guardia, es posible que perdamos la labor de un mes, de un año o más.

Pero del mismo modo, también es necesario ser flexibles y tolerantes con lo que no es esencial. No todo tiene la misma importancia. A veces la intransigencia puede ser contraproducente. No podemos usar la misma regla con un niño de cinco años que con un adolescente de catorce.

Recuerde que con sus palabras y acciones usted está escribiendo un mapa en el alma de sus hijos. ¿Cómo puede verificar si está escribiendo bien ese mapa? La forma más sencilla para descubrir la efectividad de su "escritura" es observar cómo el hijo toma sus decisiones; decisiones pequeñas, no necesariamente trascendentales.

Por ejemplo, un matrimonio amigo me contó la siguiente anécdota. Tienen tres hijas pequeñas, entre diez y cuatro años de edad. Toda la familia ha estado participando por varios años en misiones durante semana santa. Van a los pueblos de alrededor y predican el evangelio casa por casa.

En una ocasión, por el mes de febrero, los

papás reunieron a sus hijas y les dijeron: "hoy tenemos una sorpresa: la próxima semana santa iremos a la playa. Vamos a descansar..." Para su sorpresa, la noticia no causó ninguna gracia; las niñas se pusieron serias, y una a una comenzaron a expresar su desacuerdo: "yo voy de misiones con mis amigas"; "yo se lo prometí a Jesús..." Así, que los papás no tuvieron más remedio que ir de misiones como siempre lo habían hecho...

Esa pequeña decisión de las niñas se puede transportar imaginariamente al futuro. Cuando tengan veinticinco años: ¿cuál será su jerarquía de valores: el descanso personal o ayudar a otros?

Por otra parte, tener la mirada puesta en el objetivo final ayuda a redimensionar las contrariedades de cada día y a no ahogarse en un vaso de agua. Saber educar es saber esperar: no desalentarse con los berrinches y rabietas del niño cuando se le niega un permiso o cuando se le castiga o se le da una reprimenda.

Esas rabietas y berrinches son expresión de algo muy positivo: se está provocando un cambio importante en su conducta, en su sistema de valores, en sus actitudes, y eso le duele; ese dolor es saludable porque se está borrando un vicio y escribido una virtud...

Pero nunca seremos perfectos

Finalmente una palabra de aliento. Por más esmero que pongamos, nunca podremos decir que hemos sido perfectos. La misión de educar será siempre muy superior a nuestra capacidad. Habrá errores y equivocaciones.

Ante los momentos de desaliento, debemos tener el consuelo de que a pesar, o incluso gracias a nuestras deficiencias, Dios sabrá hacer una obra de arte en nuestros hijos.

Necesitamos dar espacio al Espíritu Santo en nuestra labor educativa. Él es el verdadero Maestro y el Artífice de las obras de arte vivientes que serán nuestros hijos el día de mañana.

Es necesario encomendarnos mucho al Espíritu Santo, para que guíe todas nuestras acciones. Siempre seremos muy limitados y defectuosos. Necesitamos su ayuda.

"Espíritu Santo,
inspírame lo que debo pensar,
lo que debo decir,
lo que debo callar,
lo que debo escribir,
lo que debo hacer;
cómo debo obrar para buscar el bien de los hombres,
el cumplimiento de mi misión, y el triunfo de tu Reino.
Amén".

BIBLIOGRAFÍA
(algunas obras citadas)

ARISTÓTELES, *Ética a Nicómaco.*

COMTE-SPONVILLE, ANDRÉ, *Pequeño tratado de las grandes virtudes,* Espasa, Madrid, 1996.

COVEY, STEPHEN, *Los siete hábitos de la gente altamente efectiva,* Paidós, Buenos Aires, 2003.

GÓMEZ RUIZ, MARCIA, *Rumbo sin límites,* El Arca, México, 2005.

GUARDINI, ROMANO, *Ética,* BAC, Madrid, 1999.

KANT, EMMANUEL, *Reflexiones sobre la educación.*

ORTEGA, ALEJANDRO, *Vicios y virtudes,* El Arca, México, 2010.

SWEENEY, GLADYS, *La formación sana de la madurez afectiva,* in *Ecclesia,* XXII, n. 2, 2008, pp. 139-158.